# L'ÉCOLE BUISSONNIÈRE

## DIALOGUE POUR L'ENFANCE

**Prix : 1 franc**

## PARIS
## LIBRAIRIE THÉATRALE
44, RUE DE GRAMMONT, 14

1889

# L'ÉCOLE BUISSONNIÈRE

DIALOGUE

Imprimerie générale de Châtillon-sur-Seine. — M. Pepin

# L'ÉCOLE BUISSONNIÈRE

## DIALOGUE POUR L'ENFANCE

PAR

## LEMERCIER DE NEUVILLE

PARIS

**LIBRAIRIE THÉATRALE**

14, RUE DE GRAMMONT, 14

—

1889

PERSONNAGES :

PAUL, 12 ans.
JACQUES, 8 ans.

Ce dialogue est extrait du volume *Les Enfants au salon* du même auteur.

# L'ÉCOLE BUISSONNIÈRE

PAUL, JACQUES.

PAUL.

C'est par ici, viens donc !

JACQUES.

Par ici ?

PAUL.

Mais sans doute !

JACQUES.

Je suis bien fatigué !

PAUL.

Tu te reposeras
Tout à l'heure. — Voici le but de notre route.

JACQUES.

Mais où donc est l'école ?

PAUL.

Attends ! Tu la verras.

JACQUES.

Paul, tu sais ? Moi, je veux ne pas manquer la classe ;
Où donc me conduis-tu ?

PAUL.

Dans la forêt, tu vois.

JACQUES.

Mais l'école ! l'école !

PAUL.

Elle a changé de place :
Pour aujourd'hui, la classe aura lieu dans les bois.
Nous allons travailler de tout autre manière ;
Nous nous amuserons ! — Je ne te dis que ça !
On appelle cela l'école buissonnière ;
Ecole pour école, autant vaut celle-là.

JACQUES.

L'école buissonnière ! Et le maître ?

PAUL.

Le maître ?

Plus de maître !

JACQUES.

Comment ?

PAUL.

Oui, le maître, c'est nous !
Nous ne redoutons rien que le garde champêtre...
Ah ! mais s'il nous pinçait, c'est lui qui n'est pas doux !

JACQUES, pleurant.

Mon Dieu ! mon Dieu ! mon Dieu !

PAUL.

Je crois vraiment qu'il pleure !

JACQUES.

Oui, je pleure ! C'est mal ! Pourquoi m'as-tu menti ?

PAUL.

Menti ? Ce n'est pas vrai ! Je t'ai dit tout à l'heure
De venir avec moi, n'as-tu pas consenti ?

JACQUES.

Oui, mais, moi, je croyais que c'était à l'école
Que tu me conduisais !

PAUL.

Eh bien ! Petit nigaud !
L'école buissonnière est celle où l'on rigole !
Nous allons rigoler, c'est tout ce qu'il nous faut !
Allons ! sèche tes yeux et pose là ton livre.
D'ailleurs, il est trop tard, la classe a commencé,

Jouons plutôt  — Veux-tu jouer à nous poursuivre ?
— Tu ne veux pas ? — Tu sais, va, tu n'es pas forcé !
Je m'amuserai seul ! — Je connais des cachettes
Dans le bois, — des buissons de mûres bien garnis,
Des coudriers couverts de superbes noisettes,
Sans compter que, peut-être, il s'y trouve des nids !

JACQUES, à lui-même.

Que faire ? — Je serai puni, la chose est sûre !

PAUL.

Mais non ! Chez nos parents personne ne saura
Que nous avons manqué la classe, — je t'assure. —
Quant au maître, qui sait s'il s'en apercevra ?
D'ailleurs, nous lui dirons que nous étions malades ;
Et puis, s'il en doutait, eh bien ! nos camarades
Diront tout comme nous. — Il nous excusera. —
Plus d'une fois déjà j'ai déserté la classe
Personne n'a rien su, je ne fus pas grondé.
Rassure-toi.

JACQUES, indécis, à lui-même.

Mon Dieu ! que faut-il que je fasse ?

PAUL.

T'amuser avec moi ! — Voyons, c'est décidé !
A quoi veux-tu jouer ? Choisis !

JACQUES, après une hésitation, posant son livre par terre.

Jouons aux billes !

PAUL.

Je n'en ai pas ici, puis je te gagnerais
Tout comme aux autres jeux : à la toupie, aux quilles...
Je suis trop fort pour toi ! — Dis donc ! si tu voulais
Nous jouerions au voleur ? — Je ferai le gendarme,
Toi le voleur. — D'abord, il faudra te cacher.
Nous aurons un bâton chacun, en guise d'arme. —
Tu comprends ?

JACQUES.

Puis après ?

PAUL.

Moi, j'irai te chercher.

JACQUES.

Pourquoi donc des bâtons ?

PAUL.

Tiens ! mais pour la bataille.
Quand je t'aurai trouvé.

JACQUES.

Nous pourrons nous blesser.

PAUL.

Du tout ! On fait semblant, on s'accoste, on ferraille,
On lutte ! Et, pour finir, je vais te terrasser !
Tu tombes ! — tu te rends ! — Avec une ficelle
Je t'attache les mains... tu dis : « Je suis perdu ! »

Alors je fais le juge, et puis je t'interpelle
Et te condamne à mort : Tu dois être pendu !
— Là, tu feras semblant de verser une larme ! —
Enfin, pour terminer, je fais l'exécuteur !

JACQUES.

Je veux bien ! Mais alors, je serai le gendarme,
Et c'est toi, Paul, c'est toi qui seras le voleur.

PAUL.

Ah ! mais non !

JACQUES.

Ah ! mais si !

PAUL.

Pourquoi ?

JACQUES.

Je le préfère.

PAUL.

Les gendarmes sont grands !

JACQUES.

Tiens ! les voleurs aussi !
J'aime vieux attaquer qu'être attaqué... merci !

PAUL.

Soit ! Alors le voleur met le gendarme à terre ?

JACQUES.

Ah ! mais non !

PAUL.

Ah ! mais si ! car tu ne pourras pas
Me renverser.

JACQUES.

Pourquoi ? Ce n'est donc pas pour rire
Que nous nous battrons ?

PAUL.

Si !

JACQUES.

Bon ! Tu te prêteras
A ce que je tombe... ou bien je me retire...

PAUL.

On ne peut pas jouer avec toi !

JACQUES.

Si, vraiment !
Mais, dans ton jeu, la part n'est pas du tout égale :
Moi, j'aurais tous les coups et toi tout l'agrément !

PAUL.

Capon !

JACQUES.

C'est toi, capon !

PAUL, prenant Jacques au collet.

Répète ! Et je t'étale
Par terre ! Tu verras, ce ne sera pas long !

JACQUES.

Oui, capon !

Paul lui donnant des calottes.

Oh! là, là ! Grand lâche ! qui veux battre
Un plus petit que toi !...

PAUL, lui donnant un coup de pied en luttant avec lui.

Va, tu peux te débattre,
Je te tiens !

JACQUES, pleurant.

Oh ! là, là ! Voici mon pantalon
Déchiré ! — Je dis tout à ma mère, grand lâche!

PAUL.

Tu lui diras ?

JACQUES.

Oui, tout ! je dis tout !

PAUL, le lâchant.

Eh bien ! tâche !
Je ne te dis que ça ! — Pour te faire rager,
Je vais m'amuser seul ; je cueillerai des mûres
Et tu n'en auras pas ; je vais seul les manger
Et t'en barbouillerai le nez, si tu murmures !
Adieu, moutard !

Il sort.

JACQUES, faisant un geste de colère, puis se calmant.

Moutard ! — Mais il est le plus fort !
Eh bien ! je suis joli ! — La bouche enfarinée,

Je suis ce grand gaillard... -- Ça, j'étais dans  mon tort.
J'aurais dû refuser !  — Et voici ma journée :

D'abord mon pantalon... il est tout déchiré.
Que me dira maman ?  — Puis j'ai reçu des claques !
Des coups de pied ici !

Il montre le fond  de son pantalon.

Je suis déshonoré !

— Te voilà bien loti, maintenant, pauvre Jacques !  —
Eh bien ! si c'est cela l'école buissonnière,
J'aime mieux l'autre, l'autre est  bien plus de mon goût.
— Ah ! l'on va me tancer de solide manière !  —
Je ne sais pas mentir, j'avouerai jnsqu'au bout.
Si j'en réchappe !... Eh bien ! je donne ma parole
De ne plus m'écarter du chemin de l'école !

FIN

# PIÈCES POUR L'ENFANCE

| | Garçons. | Filles. | Prix. |
|---|---|---|---|
| Les Bavardes. . . . . . . . . . | » | 2 | 1 » |
| La Cigale et la Fourmi . . . . . | » | 2 | 1 » |
| Les deux Gascons. . . . . . . . | 2 | » | 1 » |
| Les deux Moineaux . . . . . . | 1 | 4 | 1 » |
| L'Ecole buissonnière . . . . . . | 2 | » | 1 » |
| Fiancés en herbe . . . . . . . | 1 | 1 | 1 » |
| Five O'clock tea . . . . . . . | » | 2 | 1 » |
| Une grave affaire . . . . . . . | 2 | 2 | 1 » |
| Nô !. . . . . . . . . . . . | 2 | » | 1 » |
| Pensum (charade) . . . . . . . | 1 | 2 | 1 » |
| Petite Maman . . . . . . . . | » | 4 | 1 » |
| Le Petit Monde. . . . . . . . | 1 | 2 | 1 » |
| La petite Princesse. . . . . . . | « | 2 | 1 » |
| Les petits ambitieux . . . . . . | 1 | 1 | 1 » |
| Les petits révoltés . . . . . | 1 | 3 | 1 » |
| Quand nous serons grandes ! . . . | » | 3 | 1 » |
| Le Renard et le Corbeau. . . . . | 2 | » | 1 » |
| Rêves d'avenir. . . . . . . . | 2 | » | 1 » |
| Les Révoltes de Liline. . . . . . | » | 2 | 1 » |
| Vive le Général ! . . . . . . . | 2 | 4 | 1 » |

Imprimerie générale de Châtillon-sur-Seine. — M. PICHAT.

www.ingramcontent.com/pod-product-compliance
Lightning Source LLC
LaVergne TN
LVHW012158170726
843503LV00009B/4246